与渴望联结

〔马来西亚〕林文采 著

北京联合出版公司
Beijing United Publishing Co.,Ltd.

图书在版编目（CIP）数据

与渴望联结：全7册 /（马来）林文采著. --北京：北京联合出版公司，2020.3
ISBN 978-7-5596-3514-3

Ⅰ.①与… Ⅱ.①林… Ⅲ.①儿童教育—家庭教育 Ⅳ.① G782

中国版本图书馆 CIP 数据核字（2019）第 174418 号

北京市版权局著作权合同登记　图字：01-2020-0871

与渴望联结：全 7 册

作　　者：〔马来西亚〕林文采
选题策划：木晷文化
策划编辑：朱　笛
责任编辑：牛炜征
特约编辑：师丽媛
营销编辑：金　颖　黄思维
封面设计：思绪设计

北京联合出版公司出版
（北京市西城区德外大街 83 号楼 9 层　100088）
河北鹏润印刷有限公司印刷　　新华书店经销
字数 432 千字　　700 毫米 ×980 毫米　　1/32　　30 印张
2020 年 3 月第 1 版　　2020 年 3 月第 1 次印刷
ISBN 978-7-5596-3514-3
定价：138.00 元（全 7 册）

目录

01 抗挫能力差，怎么办？ 001

02 不接受批评闹情绪，怎么办？ 047

03 与人相处不开心，怎么办？ 083

04 讨厌自己，怎么办？ 121

01

抗挫能力差，怎么办？

孩子抗挫折的能力、

面对困难和失败的信心，

就是从肯定、赞美、认同中

一点一点建立起来的。

孩子遇到困难就闹情绪，怎么办？

很多家长说，孩子受不了挫折，遇到困难不会想办法解决，只会哭；做事时尝试一下，做不到或做不好就直接放弃，不愿意再尝试了……孩子遇到一点困难就哭，动不动就放弃甚至退缩，怎么办呢?

一方面，父母要理解，孩子面对挫折时害怕、退缩是正常而合理的。

其实大部分人，不只是小孩，也包括大人，遇到困难和挫折时，第一反应常常是害怕——害怕被别人看不起，害怕被别人指责、批评。

有时候，父母对孩子的要求，实在是太高了。父母希望孩子面对挫折时能够坦然接受，拥有强大的意志力，一次又一次去尝试，而实际上大部分孩子都做不到。

父母要理解，孩子面对挫折时害怕、退缩、不愿意尝试，都是理所当然且非常合理的。孩子受挫以后，可能会害怕，也可能会觉得自己没有用，对自己的能力，甚至对自己这个人产生很多情绪。这些情绪都是合理的，父母首先要做的就是接纳孩子，比如对孩子说："我知道，这件事情你觉得没做好，没有达到你想要的目标，你很难过/生气，很想逃避，这是正常的，爸爸妈妈能够理解。"

孩子能否坚强面对失败，其实跟孩子的自我形象有直接关系。

孩子在四五岁时是非常有竞争意识的，因为孩子此时有了强烈的自我意识，简言之，他终于意识到，原来有一个我存在于这个世界上。孩子在刚刚有自我意识时，会特别在意自己是否有能力去做想做的事情。当看到其他同龄孩子能够做到某些事情时，会非常在意自己能否做到，以及自己能否和别人做得一样好。就算孩子没有明说"我一定要比别人强"，当看到别的孩子能够做到某些事情而自己做不到时，孩子内心就会有一种恐慌感，迫使他去证明自己也能做到。发现自己做不到时，孩子就会怀疑自己，自我价值感就会下降。这时孩子可能会生气，而内心深处其实是在害怕。所以，孩子面对挫折时产生各种情绪是非常正常的。

另一方面，接纳孩子的情绪之后，父母要思考，怎样提升孩子的抗挫折能力。

孩子受挫，产生各种情绪时，父母要怎么做呢?

四五岁的孩子想要做什么事而做不到时，父母要不断去肯定孩子努力的过程，而不是单单鼓励孩子勇敢去做。“肯定”和“鼓励”有什么不同呢? 肯定，是肯定孩子已经做到的；鼓励，是鼓励孩子想做但还没做的。孩子在做事的过程中很用心，父母看到了就要告诉孩子：“你在不断进步，而且你愿意尝试，愿意尝试就是非常了不起的。”

一个爸爸带着儿子在操场上玩。很多小孩在操场上的一个铁架上攀爬，用两只手抓住上面一根一根的栏杆，凭借腰力和臂力，从架子一端爬到另一端。想要成功完成其实很难，手臂要非常有力才可以做到。有几个孩子爬到一半时因为臂力不够掉了下来，也有几个孩子能成功爬过铁架。

这个小男孩年龄很小，臂力不足，爬不到一半就掉了下来，然后他尝试了将近20次，越来越没有力气，所以不断地掉下来，最终决定放弃。他非常不甘心，沮丧地跟爸爸说：“爸爸，我们走吧。”爸爸拉着儿子的手说：“孩子，今天我以你为傲，因为我觉得你做得很好。”

小男孩说：“可是，爸爸，我没能爬过去啊，我怎么也做不到，因为我没有力气了。”爸爸说：“虽然你没有达到自己想要的目标，可是你看看，周围这么多小孩，有哪个小孩像你一样，可以尝试这么多次呢？大多数小朋友爬上三四次就放弃了。可是，我的儿子，你尝试了将近20次，我为你的用心和毅力感到骄傲！就算没有达到目标，只要你愿意，可以明天再来试，后天再来试，总有一天我们会做到的！”

小男孩的脸上绽放了一个大大的笑容，他因为受到爸爸的肯定而感到非常快乐。

孩子抗挫折的能力、面对困难和失败的信心，就是从这些肯定、赞美、认同中一点一点建立起来的。孩子对自己有信心，有一次又一次尝试的勇气，不甘心放弃与失败，就是通过肯定、赞美、认同培养出来的。

在这样的情况下，父母千万不要去批评孩子，比如："面对这点困难就放弃了，你真是太软弱了！"父母越是这样说，孩子就越不愿意去做自己没有把握的事情。孩子在面对困难和挫折的过程中，做出的一点点尝试，学会的一些新东西，父母一定要看到，并且明确告诉孩子。

孩子的自我形象一定是基于真实情况建立的。在肯定、赞美、认同孩子时，不要说一些空话，比如："你很棒，你是个了不起的孩子，我相信你一定能够做到。"而要说："孩子，我看到你有这样一种特质，我看到你已经付出的努力，我看到你一次又一次的尝试，虽然现在失败了，但是我看到了你的态度和意志力。"孩子面对失败时，父母要帮助孩子意识到：我可以再一次尝试，就算没有达到目标，通过尝试我也学会了一些东西，而不尝试去做的话永远也学不到，这才是更重要的。

总结一下

第一，接纳孩子，每个人面对挫折、失败都会产生很多情绪，请接受孩子的情绪。

第二，在孩子面对挫折失败时肯定、赞美、认同他，从孩子面对困难的过程中发现他值得肯定的地方，并且明确告知孩子。父母如果能够有这样的态度，孩子的抗挫折能力会一天比一天强大。

孩子遇到问题就退缩，怎么办？

有一位妈妈说，儿子6岁多了，还是非常黏妈妈，感觉是因为缺少安全感；儿子也不爱写作业，上课注意力不集中，经常走神，记忆力也很差，只记得自己感兴趣的东西，不愿意去记小朋友的名字；一遇到问题就退缩，抗挫折能力比较差。应该如何帮助他建立安全感、提高注意力和抗挫折能力呢？

根据妈妈的描述，这个孩子的问题，不只是安全感不足，而是“五朵金花”都无法绽放。他不愿意记小朋友的名字，表示他对朋友没有兴趣，也就是说，这个孩子与人连接的能力那朵花没有开，爱的能力那朵花也没开好；遇到问题就退缩，说明孩子的自我价值感不足，价值感越不足，孩子就越无法面对挫折；孩子的安全感和独立自主能力也不足，因此简单来说就是：五朵金花，通通不开！

一个孩子的“五朵金花”都无法绽放，是因为他得到的心理营养不足。

首先我要给这位妈妈的描述打一个问号。她提到自己的孩子，比如学习能力、交际能力、注意力、记忆力等，几乎都不太好，那么妈妈是否知道自己的孩子好在什么地方？如果请妈妈拿出一张纸，写下孩子的十大优点，妈妈能否马上写出来呢？难道孩子一项优点、一项特长都没有吗？这几乎是不可能的。那么为什么孩子在妈妈的眼里都是缺点呢？

第一，父母要学会肯定、赞美、认同孩子。因为孩子的价值感、坚实的自我形象、抵抗挫折的能力和面对困难的勇气，都是在父母真诚的肯定、赞美、认同里一点一点建立起来的。父母可以问问自己：是否能立刻看到孩子的优点在哪里？如果看不到，可以把孩子每天做得好的地方列出来，从很小的事情开始，看看孩子做到了什么。比如主动收拾自己的书包；独立完成了作业；孩子平常的兴趣爱好有哪些，当他有兴趣时能否做得好一点……把这些全部列出来，每天告诉孩子，父母看到他哪些地方做得很好。这样做对孩子提升价值感有很大帮助。当然，父母不能讲虚假的话，要用生活中实际的例子、真实发生过的事情，才能让孩子吸收到心理营养，进而提升价值感，从容面对生活里的挫折和失败，对于自己暂时做不好的事情或者一时的失败，也不会产生那么多情绪，因而退缩甚至放弃。

第二，父母要处理好围绕孩子的三种关系。孩子出现问题时，妈妈要扮演好重要他人的角色，处理好围绕孩子的三种关系：爸爸和孩子的关系，妈妈和孩子的关系，妈妈和爸爸的关系。如果妈妈能帮助孩子从这三种关系中获得滋养，那么孩子的心理营养自然就会得到补充。从妈妈的角度来说，首先要做的就是改善自己跟孩子的关系——不要伤害孩子的自尊，不要让孩子觉得没面子，自己不要有太多焦虑。

总结一下

妈妈要学习怎样给予孩子肯定、赞美、认同，减少对孩子的批评，更加信任孩子，让孩子有尊严、有面子。这样双管齐下，很快就会看到效果。

孩子学习特长很容易放弃，怎么办？

有一位家长说，她的女儿今年7岁，遇到稍有难度的事情就会放弃，比如学特长学到后面越来越难，就不肯再学了。拼乐高积木也是这样，不会的就交给妈妈，再也不肯拼了。特长学了好几个，都是女儿自己要求学的，可是一碰到问题就放弃。该怎么办呢？

这个孩子不太能承受挫折，碰到困难时很容易放弃。针对这样的孩子，最主要的是抓住学习的两个要点：第一，让孩子发展出对某件事情或者某个特长的兴趣、乐趣是最重要的；第二，如果孩子的兴趣确实不大，但是父母又很希望孩子能够学某样特长，就需要父母和孩子建立良好的关系。

一种情况是孩子对某件事或某种特长很有兴趣，所以很愿意去研究、尝试；另一种情况是孩子虽然对这件事情或者特长兴趣不大，但是对于能够从父母这里得到心理营养有兴趣，比如在学习遇到挫败时依然能够收到重要他人给她的爱、重视和接纳，给她的肯定、赞美、认同，以及示范帮助。这种情况主要靠的是她跟重要他人之间较好的关系，当她得到心理营养时，生命力就会绽放。

其实孩子小时候学特长，最重要的是培养出对特长的兴趣。举例来说，一个孩子学了很多特长，其中一项是弹钢琴。当看到孩子很有兴趣学习弹钢琴时，父母应该关注的是怎样让孩子从弹钢琴中得到更多乐趣，哪怕只是弹一首很简单的曲子。但很多父母更希望孩子能赶快参加钢琴级别考试，注重考试成绩，恨不得在很短的时间里把孩子培养成钢琴家，比其他孩子强，让父母有面子。但是，我们应该知道，在特长学习中，最重要的不是让孩子学得多快多好，考试能得到多少分，而是让孩子在学特长的过程中发现更多新的兴趣，得到以前没有的快乐。

成人做出各种各样的努力，终极目标是获得快乐，孩子也是一样的，学习最重要的是培养兴趣，获得快乐。如果学完一个之后马上又去学更难的，孩子会发现自己一直处于各种考验和竞争当中，无法从中获得什么乐趣。

除了兴趣以外，孩子之所以愿意学习，是因为重要他人会给予他肯定、赞美、认同。比如孩子现在学习拼乐高，父母可以先让她非常容易地拼出一个有趣的东西，无论孩子拼了什么形状，都让她根据自己的创意编故事，父母要做的就是认同。对孩子来说，在学习时如果能产生创意，并且这个创意不在于她做得多好、做得多对，而是通过她的努力，得到重要他人给她的肯定、赞美、认同，她跟重要他人的关系越来越好，这才是更重要的。这样，在面对挫败时，孩子就会有耐心，因为她知道，一旦自己能够克服挫败继续尝试，不管尝试的结果如何，都能得到肯定、赞美、认同。

孩子遇到挫败时最怕的是被批评、轻视，因为这样有些孩子索性就不学了。所以面对孩子在学习上的急躁和退缩，父母要从两方面去想，一是怎样增加她的学习兴趣，二是给她真正的肯定、赞美、认同，让她在每一次学习、尝试、创新之后得到最好的回应。

孩子对竞争不感兴趣，怎么办？

有一位妈妈说，儿子上小学一年级，不敢参加集体活动。比如老师组织小朋友参加一些游戏，表现好的孩子会有礼品。她的儿子对奖励很有兴趣，却总是不敢参加，无论父母怎么鼓励都没有用。这种情况也体现到了学习上，遇到稍有困难的题目他就不肯做，不敢去挑战，其实经过父母的提示他是能够做出来的。对于没有竞争兴趣又惧怕困难的孩子，该怎么办呢?

这个孩子觉得自己比不过别人，或者即使尝试了，也达不到自己想要的标准，这时就会退缩，压根儿不去做，害怕竞争或者对竞争根本没有兴趣。

其实，没有哪个孩子会对竞争没有兴趣，人类所处的环境本身就充满竞争性。孩子在成长过程中，要去学习各种各样本来不会的东西，在这个过程中往往会出现三种情况：觉得比不过别人，觉得自己做得不够好，或者压根儿不想去做。

相对来说，成人受挫败的机会没那么多，因为成人有很多选择的权利，可以选自己擅长的，或者至少比较有把握的事情去做。而孩子常常处于一种攀比、竞争的状态，不是跟别人竞争，就是跟自己竞争，总是希望自己能比得过别人，或者和别人一样好，如果发现别人会做而自己不会，就会特别紧张、害怕，而这是所有小孩必然要经历的一个阶段。

父母如果想培养孩子的抗挫折能力，需要注意以下三点。

第一，父母要接纳孩子面对失败时自然会有的情绪。

孩子面对挫折失败时，如果父母无法接纳他的情绪，孩子可能会认为父母不能接纳他的失败，其实这才是对孩子最大的伤害。

首先要反复告诉孩子，在学习的过程中多多少少都会遭遇一些挫折，这是所有人都要经历的一个过程。当孩子做得不好时，要告诉他：“可能你还没有做好，可能你还不满意，但是不要紧，你可以不断学习和提升。”

孩子面对挫折产生情绪反应时，父母能否接纳他？这是给孩子补充心理营养的第一个关键——能够无条件接纳孩子。当孩子出现问题时，当他做错时，当他有负面情绪时，当他觉得自己失败了或者达不到标准时，父母要接纳他——接纳他的失败，接纳他的错误，接纳他达不到标准，接纳他的负面情绪。

第二，孩子面对挫败时，父母要做孩子的模范。

孩子面对挫折时有很多情绪，是因为他不知道接下来怎么办才好。这时孩子非常需要一个“模范”，教导他怎样面对挫折，怎样比原来更好。比如，当孩子沉浸在挫败情绪里时，父母可以告诉他：“妈妈知道你会有这样的情绪，不要紧，接下来妈妈教你怎样才能做得更好。”然后妈妈要有耐心，一点一点地指导孩子。比较糟糕的情况是，父母只是告诉孩子不要伤心，不要难过，不要生气，但是对于怎样才能够进步，怎样才能做好，怎样把不懂的弄懂，却没有耐心教导孩子。

如果孩子发现自己能够做得更好，那么再次面对挫折时，他的直接想法就是：我能够从眼前的状况中取得进步，因为这一点已经得到了一次又一次的证明，每次失败都代表我有很多学习和进步的空间。这不是一句空话，而是实实在在的，孩子看到自己像植物一样不断成长时，这种成长本身就能带来很多快乐和喜悦感。

第三，孩子做到之后父母要肯定、赞美、认同孩子。

孩子在父母的教导下取得进步时，要明确告诉孩子："我看到了你的进步。"孩子愿意去学习、进步，哪怕伤心、害怕、生气，他还是愿意尝试，由不会、不懂到会了、懂了，由做得没那么好到做得很好，父母要看到这个过程，并给予孩子肯定、赞美、认同。

总结一下

怎样培养孩子的抗挫折能力?

第一，父母要接纳孩子的失败，以及他面对失败而产生的负面情绪。

第二，父母要做孩子的模范，教导他怎样才能够把事情做好。

第三，孩子做到了就要肯定、赞美、认同他。

如果父母做到这三点，那么孩子长大成人后抗挫折的能力会非常强大。

孩子自暴自弃，怎么办？

有一位父亲说，儿子十六岁了，今年读高一，由于过去功课落下太多，现在对学习基本失去了动力，做作业时稍有不顺就索性都不做了。面对文理分科，他觉得每科都不理想，所以拒绝做出选择，全年级只有他一个人还没有确定，老师、家长要帮他，也被他拒绝。家人想请家教帮他补习功课，他也不要。他越来越沉沦，每天躲到网络里玩游戏、看小说，不愿走出来，遇到任何一点困难就放弃、躲避，别人很难靠近他，他也没有好朋友，没有可以交心的人。对于这样的孩子，怎样帮助他呢？

有很多资深校长告诉我，近年来，这样的孩子越来越多，他们无法面对挫折，对学习、对自己的事情，包括交朋友，完全没兴趣。好一点的沉迷于网络，更糟糕的会出现一些偏差行为。面对这种情况，表面上看是孩子无法面对挫折，实际上孩子已经进入自暴自弃的状态——除了沉迷于网络，对什么都没兴趣。那么父母要怎样帮助孩子呢？

父母要调整自己的期待

孩子自暴自弃的一个原因，是父母对孩子的期待过高。

孩子没有变成现在这样时，不管在生活习惯还是学业上，都曾经想要满足父母的期待，却发现自己没有办法满足。正是父母对孩子的期待高过了孩子的能力，以致孩子最后自暴自弃。

自暴自弃，就是孩子应对不断提高期待的父母的一种方式。当孩子觉得自己已经用尽了“洪荒之力”，却依然没有办法让父母满意时，那么孩子就会自暴自弃。最明显的表现就是学业成绩等各方面都在下滑。

一般来说，这类孩子最初成绩并不是特别差，成绩通常在中上等。父母认为，孩子只要多用功一点、努力一点，再多花一点时间在功课上，是可以继续上升的，但是孩子发现没有办法像父母期待的那样从中上进入前列，至少孩子自己是这么认为的，就会进入自暴自弃的状态。

孩子自暴自弃的另一个原因，是父母过于追求完美。

完美主义的父母，要求孩子做的事情总是超过孩子自身的能力，只有如此父母才不焦虑。比如，如果孩子只能拿起100斤的东西，完美主义的父母要看到孩子拿起120斤的东西才能安心。孩子做的事一直超越自身能力，久而久之，一般15岁以后就没有办法支撑下去了，开始出现案例中这样自暴自弃的情况，很可能还会越来越糟糕。

孩子之所以会自暴自弃，比如不想交朋友，不想与人沟通，对什么都没兴趣，不愿意决定选择文理科，不想为自己的未来负责，简单来讲，就是因为不管做什么选择，结果都会被指责。

无论高期待的父母还是完美主义的父母，在这种情况下，首先要做的就是降低自己的期待，甚至要降得非常低，做好要花很长时间的准备，让孩子慢慢地、一步一步地恢复正常。在这个过程中父母一点都不能心急，如果看到孩子进步一点就开始心急，孩子马上就会掉回原点，而且可能会掉得更快。

父母要帮助孩子寻找成就感

父母要看看，孩子现在做什么才能让他收获成就感。孩子自暴自弃时，对自己完全没有信心，所以父母要寻找机会让孩子获得成就感，重新建立自信。可能完全是跟功课无关的，比如独立参加某个计划、项目、活动等，让孩子完全忘记关于学业的事，从自暴自弃的阴影里走出来。参与这些活动时，孩子能够收获成就感，而且是真实的成就感，同时父母要一直肯定、赞美、认同孩子。

案例中提出问题的是父亲，对儿子来说，父亲的信任更重要。不管之前孩子表现怎么样，父亲要相信孩子能够重新开始，看到孩子的优势和努力，去真诚地肯定孩子。如此一来，孩子才能慢慢走出来。

这个孩子已经16岁了，建议最好找专业的青少年心理咨询师寻求帮助。什么样的心理咨询师对青少年来说比较适合呢？能够和孩子较好连接的咨询师。不要看他的学历是否高，名气是否大，最重要的是，他在给孩子做咨询时，孩子能够跟他建立较好的连接，他能够成为孩子的另一个重要他人。同时，因为咨询师是外来的，可能孩子会觉得他比较客观，也能够帮助父母发现孩子的特点和优点，然后据此做一个计划，让孩子通过参加一些活动或者项目来获取成就感，这样孩子就能慢慢恢复自信。

孩子自尊心强，胆子又小，怎么办？

有一位妈妈说，儿子快5岁了，性格内向胆小，心思也比较重，不像其他男孩那样大大咧咧的。有一天晚上，在书上画五角星，儿子不会画，画得很不像，他就很难受，几乎要哭了，焦虑、着急地念叨说："不好看……不好看……怎么办啊……怎么办……"父母反复开导说："没关系，重画就行。"可是儿子依然很焦虑。

妈妈说类似例子有很多。儿子做得稍微不好，就会感觉心里很别扭，哼哼唧唧的，本来不是什么大事，但在儿子看来就像天要塌下来一样。即便妈妈跟他一起玩，儿子都很胆怯，稍不注意就会伤到他的自尊心，瞬间翻脸，翻脸时也不像其他男孩会打人，而是哼哼唧唧、扭扭捏捏，心里别扭又不敢说出来。

妈妈说，儿子的自尊心超级强，胆子又超级小，真没见过这么扭捏的男孩。对此，应该怎么办呢？让他去参加类似武术班的训练是否有用呢？

孩子为什么无法面对挫折？其实并非因为他性格内向，通常是因为孩子碰到了两种类型的父母。

一种是非常强势的父母，他们养育孩子的态度是“别说你要做什么，我怎么说你就怎么做，你没有提意见的机会”。另一种是非常严苛的父母，他们对孩子的任何方面，包括生活习惯、学习等都会严厉批评，用语常常比较难听。

孩子在成长过程中要不断学习，学习本来就是从不会到会的过程，所以做得不好、出错或者失败都是很正常的。如果父母非常强势，也没有同理心或同情心，完全不愿意听孩子解释，只是用严厉的语言来批评孩子，那么越是敏感的孩子挫折感就会越强，积累到一定程度，就会非常害怕面对挫折，因而不愿意去做，或者面对挫折时完全退缩，或者不愿意承认自己失败了。

如果希望养育出有抗挫折能力的孩子，父母就要去反思，自己是不是太过强势，所用的语言对孩子来说是不是太过伤人。

很明显，案例中的妈妈有一个固有的想法，就是男孩子应该大大咧咧、非常勇敢、有想法就大胆说出来，她认为自己的孩子太过扭捏，所以说了很多批评的话。

妈妈这样的态度，对于一个四岁多的男孩来讲，伤害是很大的。这是孩子的性别认同期，妈妈可以这样对孩子说："你既有男孩子的气力，又有男孩子的责任，同时你非常特别，有很多男孩子所不具备的特质，比如特别细心，懂得去观察。每次我都看到你很想做好，所以用心做了又做，妈妈觉得你真是一个非常特别的孩子。"这样孩子就会觉得："是啊，我是一个男孩子，而且我比其他男孩子更加细心，这是一个优点，不是一个缺点。"

比如画画，孩子很细心，很想画好，当他做不到时，父母可以慢慢引导他怎么画，而不只是让他不断重画。因为就算他重画，也未必能随心所欲地把想要画的画出来。父母可以在纸上先用虚线把五角星点出来，然后让孩子沿着虚线，一点一点连起来，这样他就发现自己进步了，对敏感的孩子来讲这很重要，孩子会很高兴并且愿意坚持画下去。关于怎么教导孩子有很多方法，重要的是父母的语言、态度不要暗示孩子“你不像其他孩子那样好”，这是非常需要注意的。

不接受批评闹情绪，怎么办？

批评孩子，

一定要非常小心，

最好就事论事简单讲讲孩子的行为，

而不批评他的人格。

孩子自尊心强，拒绝接受批评，怎么办？

有的家长问：孩子一句批评都不能接受，是不是自尊心太强了？怎么帮助孩子学会接受批评，而不是一听到批评就闹情绪呢？

要知道，所有人都不太喜欢被批评，任何人被批评时都会觉得有点难受。特别是孩子，其实非常希望自己“人见人爱”“花见花开”。孩子犯错被批评时，会很害怕因此不被接纳、喜欢，父母不再爱他了。所以孩子被批评时一般都会不快乐、不高兴，表现出沮丧、难过，有的则出现所谓的闹情绪。这是普通人都会有的正常心理。因此不要奢求孩子能像圣人一样，被批评时能够虚怀若谷，就像什么都没发生一样，非常平和、谦卑地接受批评并且改进。当然，如果孩子已经到了情绪非常大以致任何批评都听不进去的地步，确实是不恰当的。

孩子在成长过程中做事难免不恰当、会出错，如果不得不批评、教导孩子，又希望孩子不会闹情绪、大发脾气，应该怎么做呢？

做错事情不是问题，关键要知道错在哪里以及如何改进

孩子还小，在学习或做事情的过程中很可能做得不恰当。要让孩子形成一种意识：做得不恰当或者做错不是问题，但是要明白错在什么地方，以及从哪些方面进行改进，然后去改过就好了。这也是为人父母对待孩子错误所应有的态度。

我记得自己9岁时做错了一件事，当时父亲没有直接说出我做错了什么，而是先叫我背一句古文“人非圣贤，孰能无过，知错能改，善莫大焉”。背完以后他问我，是否知道这句话的意思，然后跟我解释说：“因为你不是圣人，所以你很容易做错事，最重要的是，如果你做错了，你要知道这是错的，而且愿意去改过，再没有比这

更大的善了。”

这是我背的第一句古文，至今仍然记忆犹新。过后父亲才告诉我，我究竟做错了什么事。如果我做错了，我要怎么办——如果孩子能收到这样的信息，从小就知道做错是能够改过的，那么会对孩子有很大的帮助。

批评孩子的时候应该怎么说

如果批评孩子时，孩子总是反应很大，很可能是父母用的词汇、语句或者语气让孩子觉得非常伤自尊，这会导致孩子难以接受父母的批评。那么批评孩子时，应该用怎样的语气和措辞呢?

讲事情本身，怎么说都可以，但是如果讲到孩子这个人，就要非常谨慎。比如“你怎么这么笨呢?你都多大了，怎么连这么简单的事情都不懂?我真后悔把你生出来……”这就属于人格上的批评。批评孩子时，一定要非常非常小心，其实最好就事论事简单讲讲孩子的行为，而不批评他的人格。告诉孩子什么地方是错的，哪些行为、语言或者做法不适合。也不用绕来绕去很婉转地讲，可以简单直接讲清楚，切忌牵涉孩子的人格。

比如孩子做错了一件事情，妈妈可以告诉他："孩子，昨天你用了讥笑的语言去嘲笑别的孩子，让他感觉很难受，妈妈觉得这样嘲笑别人是错误的，以后你不要再这样做了。"这样跟孩子说，是在跟他讲一个事件，是在教导孩子如何行事为人，这种批评通常孩子是能够接受的。

如果妈妈这样说："孩子，你怎么可以这样对别人呢？你这样做是非常不善良的，会让人家觉得你是一个心肠狠毒的孩子，这样就没有人会喜欢你了。"这就是针对人格的批评了，很容易引发孩子的情绪。小孩子更容易闹情绪，因为越小的孩子自尊心越强。

孩子犯了严重的错误时应该怎么说

如果孩子犯的错误确实很严重，那么可以简单直接地告诉他，他做了什么事情，其中哪些行为是错误的，是需要改正的，而且谈话时需要和孩子有一些身体上的连接。

其实孩子犯错时自己也是知道的，如果想让孩子听进去父母的话，就需要跟孩子在身体上有一些连接。

具体怎么连接呢？比如可以握住孩子的手，或者把一只手搭在他的肩膀上，然后看着他，非常有力量而又温和地对他说："孩子，昨天你和一个比你还小的孩子打架，你把人家打伤了，妈妈觉得这样做是错误的，因为打架真的很不好，非常不应该。"这样让孩子明白：这件事你肯定做错了，但妈妈依然是爱你的。

孩子对这样的批评是能够接纳的。因为孩子犯错时，一般自己是知道的，也会很害怕，最害怕的就是妈妈不再爱他了。所以如果妈妈用肢体语言来表示爱他，简单、直接地告诉孩子做错了什么，孩子就能够接纳批评。

孩子『躺枪』，委屈自责，怎么办？

有一位妈妈说，儿子十三岁了，一直以来都很温和，有时虽然也有不满、愤怒，但常常压抑自己。儿子在学校很听话，可是经常因为老师在班上发脾气，或者大面积批评同学——其实儿子并没有犯错，只是一起“躺枪”了，他就会觉得很委屈，产生自责、内疚、难过等情绪。这位妈妈问，儿子是缺了哪种心理营养？除了给儿子肯定、赞美、认同，还能怎样帮助儿子？

其实孩子能够做到这样的温和已经非常好了，很可能什么心理营养也不缺。一个十三岁的孩子，本身没犯错，被老师捎带批评，觉得委屈、难过、自责、内疚，是一种非常正常合理的反应。难道希望孩子像圣人一样完全没有反应、没有情绪波动吗？这是不可能的。那么父母怎样帮助孩子呢？

接纳孩子的情绪

父母不要一看到孩子有负面情绪就受不了，或者总是想帮孩子赶快从负面情绪里走出来，要先接受孩子的情绪——孩子今天无缘无故被批评了，当然会不舒服、难过，甚至会怀疑自己是不是真的做错了什么。

父母想要帮助孩子，首先要接纳孩子有这样的情绪。当孩子告诉你他有情绪时，可以简单地告诉孩子，比如："妈妈看到了，这件事情真的是委屈你了，这件事情真的跟你没关系，老师这样乱发脾气，真的是伤到你了。"接纳孩子的情绪，而不是一看到孩子有负面情绪就很焦虑，急于消除他的负面情绪。父母能够接纳孩子的情绪了，孩子就会觉得好多了。

父母要表示非常有兴趣听孩子说话

孩子其实没有太大的问题，只是需要说出来，如果他说的过程中不被打断，那么讲完以后他的情绪能量就能舒放出来了。

世界上有很多事情，并不是我们可以选择的，但是仍然会降临到我们身上，而我们的身体也会因此产生一种情绪的反应或者表现。孩子明白自己改变不了老师，改变不了学校，改变不了其他人，但还是会觉得委屈、难过，跟妈妈说的时候，妈妈能耐心、有兴趣地倾听，他就会觉得好多了。

所以案例中的妈妈要做的是：第一，接纳孩子的情绪；第二，在孩子讲的时候好好倾听。倾听是通过肢体语言表达出来的。比如孩子在讲的时候，妈妈脸上的表情很认真，身体微微向前倾，适当的时候点点头表示听明白了……这些肢体语言都能让孩子收到信息——妈妈在很认真地倾听我说话。

孩子一被批评就闹情绪，怎么办？

有一位妈妈，大儿子15岁，小儿子12岁。她说自己是个安全感缺失、情绪很不稳定的妈妈。在她的童年里，父母天天吵架，父母吵架时她就在一旁哭泣，自己学习时总是紧张、记不住。现在，妈妈的情绪不稳定已经影响到了孩子。比如每次听写语文生字，孩子一不会写，妈妈就会生气，批评孩子上课不认真听讲，但是骂也不管用，孩子仍旧不会写，而且一说听写就情绪很大，甚至哭，对学习影响很大。现在她看到，两个孩子的问题都很多——不自信，多动，学习困难……那么，妈妈该怎么办呢？

自身情绪不稳定的妈妈，常常带着很大的情绪批评、责骂孩子，孩子也一定会情绪非常不稳定，甚至会大吵大闹。研究报告显示，妈妈的情绪，特别是焦虑，非常容易影响孩子。

案例中妈妈意识到了，因为自己的情绪非常不稳定、安全感不足，导致两个孩子也不自信，甚至多动，遇到很多学习困难。两个孩子分别是12岁和15岁，都已经进入了非常关键的时期，如果妈妈还不改变，恐怕孩子过了15岁以后，再想改变会加倍困难。孩子越小的时候，妈妈做出改变，对孩子的帮助越大。

每个人一般有两个家庭，一个是结婚前的原生家庭，一个是结婚后的婚姻家庭。

不管妈妈的原生家庭是什么样子的，在结婚以后的这个家庭里，如果能够处理好家庭关系，会远远超出原生家庭的影响。对于原生家庭，我们无法选择自己的父亲和母亲，也无法改变父母的关系和他们相处的模式。我们能够做的，而且通过努力就可以有成果的地方，就是我们现在的婚姻家庭。

一个好的婚姻关系，一个好的婚姻家庭，对一个人有很大的疗愈作用。结婚后的家庭，如果能够经营好，对于心理营养（包括安全感、希望被接纳的感觉等）的补足远胜过原生家庭。

所以建议这位妈妈，把时间、精力全部用在经营现有的家庭关系上—— 一个是妈妈和孩子的关系，一个是妈妈和丈夫的关系。想要处理好跟孩子的关系、跟丈夫的关系，主要方法就是“三个不要做，只做心理营养”：第一，说话不要伤他的自尊；第二，说话不要让他觉得被羞辱没面子；第三，尽量在情绪上不要太过焦虑。要做的就是给自己补足心理营养。

如果在原生家庭里妈妈自己的心理营养不够，现在要在亲密的人身上——孩子、丈夫补足，也许真的有难度，但这是妈妈自己愿意做，不靠别人就可以做到的。当妈妈这样做时就会发现，和孩子的关系会大大改善，而只有这样孩子不自信、情绪波动、学习困难的情况才能够真正改变。

我很高兴，这位妈妈看到孩子出现的各种情绪问题实际上跟自己有关，愿意把眼睛专注在自己身上，看看自己能够做什么。妈妈的情绪改善，才能从根本上帮助孩子。

孩子学习缺乏上进心，怎么办？

有位妈妈说，她的孩子学习能力没有问题，但就是没有上进心。考试成绩差，他觉得无所谓；迟到、忘记写作业，好像也不担心。前段时间，妈妈说如果考试考不好就要打他，他才稍微认真一点。否则，即便他答应了要好好学，学的时候还是很随意。妈妈的接纳和肯定，反而会让孩子觉得，考试考不好、书读不好问题也不大。妈妈问，对这种什么都无所谓的孩子，怎么教育？怎么让孩子在意自己的成绩，在意自己是否优秀呢？怎么让孩子有自尊心、上进心呢？

关于自尊心、上进心的问题，其实妈妈根本不用担心。

任何人的内心都是有上进心和自尊心的。就好像一棵树，它一定希望长得越来越好——叶子是大大的，树干是粗壮的，花是美丽的，能开多大朵就开多大朵。人也一样，非常希望能做好，得到别人的肯定、赞美、认同。这是人本能的需求。当然人跟人之间也是有差别的。有些人可能特别上进，或者自尊心特别强；有些人虽然也上进，也有自尊心，但不会表现出来。

那么，如果孩子常常表现得好像什么都无所谓——对于功课，对于追求更好的成绩，对于自己是不是优秀，都不在意，这是为什么呢？

这可能是孩子应对焦虑的妈妈的一个方法。孩子之所以会表现出这种无所谓或者不在乎的样子，是为了应对焦虑的妈妈。当妈妈过度焦虑时，孩子应对妈妈的一个常用方法就是故意表现得不在乎，只把自己的本分做好。

这位妈妈说，她知道孩子的学习能力是没有问题的。那妈妈怎么知道孩子学习能力没有问题呢？是因为孩子曾经的表现——他是能够读书的，是会读书的。所以孩子所想的是：我就是要让你知道，我读书没有问题，我成绩不会太差，我是可以做到的；但是我不喜欢你的态度和做法，因为焦虑你总是唠叨、批评，想要借此推动我前进。我已经做好自己的本分了，就算我偶尔忘记，偶尔没做好，也是可以理解的。

这样的孩子一般能够接纳自己，最不喜欢别人强迫他跟随别人——比如妈妈的节奏或者模式。遇到焦虑的妈妈，他的对抗方式是：我不会直接跟你冲突或者闹情绪，只是表现出无所谓、什么都不在乎的态度，你意识到讲得再多也白讲时，就会放过我。

不同的孩子有不同的性格。案例中的妈妈性子比较急，而孩子恰恰是比较温和的，不愿意有冲突。建议妈妈看看能否反其道而行。既然用很焦虑的情绪去推动孩子，孩子反而越来越不在乎，那么妈妈能否逆向思考，用一种完全不同的方式呢？

妈妈可以告诉他孩子：你需要做的最基本的是两点——第一，把自己的功课做完；第二，确保现在的成绩不会后退。只要目前的成绩能够保持，每天的功课都能按时做完，就告诉孩子：你有很大的进步空间，你跟着自己愿意的、喜欢的方向去发展自己，妈妈就不会批评你，也不会在你旁边唠唠叨叨；但是如果你的功课没有做完或者成绩退步，妈妈就需要和你谈谈了。

如果孩子看到妈妈确实能够做到不唠叨批评，就会按照自己的方式或者节奏做好功课。怕的是有些妈妈，不管孩子怎样做，即使进步了，妈妈也会觉得还可以做得更好，然后又是一轮催促、批评、唠叨。久而久之孩子就会用无所谓、不在乎的方法来应对妈妈。

对于如何让孩子在学习上更加有上进心，主要就是两招：一是让孩子对学得不是太好的科目产生更大的兴趣；二是让孩子在进步中得到肯定、赞美、认同，而不是批评。在孩子的学习过程中，对任何小小的进步，都给予孩子肯定、赞美、认同。

孩子被批评时不听劝，怎么办？

有一位妈妈问：当孩子做错事的时候，如何能够做到无条件接纳？另外，批评孩子的时候，孩子一般都会有情绪，根本听不进去后面的话，那该怎么办？

所谓无条件接纳，并非孩子做了错事不批评孩子，该批评还是要批评，但是批评时要明确表达：你只是做错了一件事情而已，妈妈只是批评错误的行为，希望你更加有能力、变得更好，即使妈妈批评你，对你的爱也丝毫没有变。

孩子被批评时有情绪是正常的，任何人被指责或批评时心里都是有些不舒服的。如果孩子一被批评就闹情绪，情绪非常大甚至完全听不进去，那么父母要检讨自己，批评的语调、语气是否合适。

俗话说：“一句话说得合宜，就像金苹果落在银网子里。”意思就是，要尝试把话说好，特别是批评的话。批评会引发一个人的防御系统。什么是“防御系统”？人从生出来的那一天就已经具备防御本能，人们一旦觉得自我价值感被贬低，或者要被攻击的时候，防御本能就会自动触发。当一个人被指责不够好或者做错事情时，就会开启防御系统，有时候会直接否认，有时候会反驳说“我根本就没有错，都是你的错”，防御时就只顾防御，别人说什么话都听不进去。所以为了让孩子能够听进去教导的话，而且愿意跟从，怎样说批评的话就很有讲究了。

说话的语气

孩子做错了一件事情，如果妈妈说“你错了，知道吗”，这种语气马上就会启动孩子的防御系统，因为他有一种被攻击的感觉，一旦开启防御系统，孩子整个人就会进入防御状态，很难有兴趣、有耐心地倾听父母教导他的到底是什么。很多时候父母讲的内容没有问题，只是语气引发了孩子的防御系统。所以父母要特别注意说话的语气，可以有力量，但是不要凶，不要有过多的情绪在里面。

建议案例中的妈妈检讨自己，是否因为自己的情绪引发了孩子的情绪，而这种情绪让孩子启动了防御系统，因而他没有办法好好听妈妈说话。

所用的词汇

想告诉孩子这道题目做错了，可以这样讲：“孩子，这道题你做错了，妈妈教你怎么做，你就会越来越好，下次就会进步了。”教导孩子的时候，特别是指出孩子做得不好、不对、没有达到标准时，最后一定要讲正面的话，而且要真心真意地讲。

说完负面的问题之后，赶紧讲一个正面的。这些正面的词汇能够把之前的批评用词“包”起来，孩子听到的是最后正面的意义，也就能够听进去了。就像用甜枣配苦药，孩子就能吃下去了。

如果对孩子说：“孩子，你又做错了一道题，妈妈跟你讲过多少次了，你总是错了又错，真是太笨了，你什么时候才能改……”其实妈妈本来是想告诉孩子那道题是错的，但是说了这么一堆，孩子听起来就是在翻旧账，而且加了很多负面的形容词，特别是批评了孩子的人格。这很容易引发孩子的防御系统，孩子是不会听的。

因此，父母要检讨，怎样措辞才能把自己想要说的准确表达出来，同时不会引发孩子的防御系统。孩子的防御系统一旦启动，外向的孩子会攻击，内向的孩子会退缩，父母真正想教的孩子根本没有办法听进去。

Q3

与人相处不开心，怎么办？

孩子所有的学习，都是从体验而来的。

从分享的过程里感受到快乐，

感受到分享所传递的爱，

孩子才会愿意分享，

也才能真正学会分享。

孩子不愿和小朋友分享，怎么办？

孩子不愿意和别的小朋友分享，好像太小气、太自私了，怎么教导孩子大方热情，愿意和其他的小朋友分享呢？其实这是很多父母常常会感到困惑的问题。做父母的都希望自己的孩子有美德，能够像“孔融让梨”故事里的小孔融一样，把大梨让给别人，自己拿小的，愿意无私分享自己的东西，而不是眼里只有自己，甚至和别人抢玩具、争夺好吃的。当看到孩子以自我为中心，表现得好像很自私、很小气时，父母就会非常揪心。

孩子一定是先有“我”的意识，
在自我的基础上才会产生“他人”的观念

一般来说，孩子在两岁半以后，就开始有“我”的意

识了，大部分孩子到了三岁时，“我”的意识已经非常强烈了。

什么叫作“我”的意识呢？两岁半之前的孩子，一般对于“我”的意识还是很模糊的，他们更多的是处于跟自己的重要他人——特别是跟妈妈的共生关系里。到了两岁半以后，有些孩子逐渐产生“我这个人”“我是一个独立的个体”这样的意识，这种意识的萌芽，通常伴随着孩子想要拥有“我的东西”——“这是我的妈妈，这是我的爸爸，这是我的朋友，这是我的玩具，这是我的糖果，这是我的饼干”，以及“我的身体、我的头发、我的衣服”，等等。

为什么一定要允许孩子有这样的一个过程——能够清楚区分什么东西是我的，包括食物、玩具甚至关系？这是因为如果孩子尚未建立起“我”的观念，父母就告诉孩子“这个东西是大家的，不是你一个人的，即便是你自己的东西，你也不能一个人玩、一个人吃，要和别人分享”，那么这种强迫性的行为，会导致孩子难以发展出好的界限感。当孩子明确 “这个东西是我的”时，他才能够清楚地知道，有些东西不是他自己的，是他人的——比如，是别的小朋友的，是妈妈的，是爸爸的，从而能够建立“我的”和“他人的”概念。

如果孩子无法建立“我的”概念，也就无法建立“他人的”概念了。孩子如果没有界限感，就会想：“我是不是想要？想要的话，不管是谁的，我都要得到，不管是争还是抢。”只有具备了界限感，能够分清楚“我的、你的、他的”时，孩子才能学会更重要的一点：懂得尊重别人的东西——这是别人的东西，如果没有得到允许，我不能去抢。孩子不争不抢的前提是他自己的东西是被尊重的，他不会被强制分享，他的东西不会被别人抢走。

从两岁半到六岁这个阶段，
要让孩子学会分辨这是“我的”东西

应对这个年龄段的孩子，有一个好方法：父母可以给孩子一个抽屉，这个抽屉里的所有东西都是属于孩子自己的。孩子拥有自己的东西，如果没有得到他的允许，父母不会去打开他的抽屉，更不会去拿抽屉里的东西。如果孩子有哥哥姐姐或者弟弟妹妹，他们也会有自己的抽屉，在

没有得到允许的情况下，谁都不会打开彼此的抽屉，更不会拿抽屉里面的东西。

这样做，孩子就能够非常清楚地知道，这个是我的，那个是别人的。确定了东西的归属之后，父母就要教导孩子尊重别人。要强调的是，孩子尊重别人的前提是其他人尊重孩子，孩子的父母、哥哥姐姐、弟弟妹妹、好朋友都要尊重孩子，不强迫孩子做他不愿意做的事情。

如果孩子说他不愿意分享自己的东西，我们就要尊重他，明确告诉他：这是你的东西，你可以这样决定，我们尊重你。尊重必须是对等的，父母不能用各种各样的道理和行为，强迫孩子心不甘情不愿地把自己的东西分享出去。同时也要教导孩子：当你想要别人的东西时，别人也一样可以拒绝你，而当别人拒绝你的时候，你不能去抢别人的东西，更不能打人，强迫别人一定要分享给你。

等孩子学会分辨这是“我的”东西，又学会了尊重别人以后，就可以教导孩子分享会带来很多快乐，不但给自己带来快乐，也给分享的人带来快乐。

父母要给孩子示范，分享的快乐是怎样的

在孩子成长的过程中，特别是在两岁半到六岁，要怎么教导孩子喜欢分享呢？一般是要示范给孩子看，分享的快乐是怎样的。

父母可以先把自己的东西，比如将两个糖果放在手里，然后告诉孩子："孩子，这个糖果特别好吃，妈妈也很喜欢吃，可是妈妈非常爱你，所以妈妈愿意跟你分享。来，给你一个糖果。"

你给了孩子糖果，孩子会很高兴，因为这不只是一个糖果，还有妈妈的爱在里面。妈妈继续跟孩子说："孩子，妈妈看到你拿到糖果的时候很快乐，看到你这么快乐，妈妈也很快乐。看到你笑了，妈妈也非常开心。我送你一个东西，分享一个东西给你，你这么快乐，妈妈也很高兴啊！"

然后妈妈可以很自然地跟孩子说："孩子，我看到你有两块饼干，能不能给我一块呢？妈妈也很想吃。"如果孩子肯给的话，就要谢谢他，告诉孩子妈妈特别高兴，因为妈妈

感受到了孩子对妈妈的爱。让孩子从这种实际的分享里感受快乐，不但感受到自己分享的快乐，也看到别人因为得到分享而快乐，而孩子也会因别人的快乐而快乐。

父母要让孩子在生活的各种细节里，真正去感受分享的快乐。而不是当孩子不肯分享的时候，就数落孩子："你知不知道，你这样很自私？肯分享的孩子才是好孩子，爱分享的孩子才会有朋友，没人喜欢自私的孩子哦。"特别是对很小的孩子讲这样的道理，其实孩子很有可能没听懂你到底在讲什么。孩子所有的学习，都是通过体验而来的。当从分享的过程里感受到快乐，感受到分享所传递的爱，孩子才会愿意分享，也才能真正学会分享。

孩子容易和别人发生冲突，怎么办？

有一个妈妈说，女儿两岁了，脾气比较暴躁，跟小朋友们一起玩时，不让其他孩子碰自己正在玩的东西，甚至会动手打别人。如果跟孩子讲道理，孩子就会岔开话题，不愿正视错误。这位妈妈想知道，该如何纠正孩子的这种行为呢？

对于一个两岁的孩子，是不能用讲道理的方法来教导的。这个年龄的孩子，一般听不懂道理，也无法自己分析问题、理解道理，并且避免下次再有同样的行为。这个年龄的孩子，所有学习都是通过真实的体验进行的。

案例中的这个孩子，脾气比较暴躁，属于比较有力量感、比较外向的孩子，她会把自己的情绪直接表达出来。对于这类孩子，在她情绪急躁的时候，父母的情绪要稳定，不能对孩子发火甚至打骂孩子。父母要用有力量且稳定的声音对孩子说：“孩子，这个东西是你的，如果你不愿意分享，别人不可以随便碰你的东西。但是你不能去打别人，打人就是错的。我如果看到你打人，就会抓住你的手，免得你伤到别人。你伤到别人，或者是别人伤到你，妈妈都是不愿意的。”

在跟孩子讲清楚以后，一旦看到孩子动手打人，就要真的抓住孩子的手，同时告诉他松手：“当你松手的时候，妈妈也会松手。”父母要如此通过实际的动作、体验去教导孩子，让孩子从实际的肢体接触中明白，打人是不被允许的。

阻止孩子以后，要教导孩子，跟和他发生冲突的其他孩子这样说：“这是我的东西，你不能碰，如果你想要的话，必须经过我的允许。”这样教导孩子用语言把自己的意思表达出来，而不是通过动手打人来阻止别人碰自己的东西。如果想表达自己的拥有权，拒绝和别人分享自己的东西，可以教导孩子这样说：“这是我的东西，我不喜欢你碰它。”这样一直持续到孩子能够确定自己对东西的界限，能分辨这是我的、你的还是他的，再通过实际体验，教导他分享的快乐。

对于案例中这个两岁的孩子，她非常不愿意别人碰她的东西，这其实是非常正常的。孩子总是在确定了自己的自主权、拥有权之后，才能够学会分享，而且会因为自愿的分享而感到快乐。妈妈不需要太过着急，也不要担心孩子自私、品格不好，或者因为自己没有教育好孩子而自责。其实这是孩子心理成长过程中的正常现象。

孩子没有勇气拒绝别人，怎么办？

一个家长说，儿子四岁了，不敢对别人说不。亲戚家有一个女孩，只比他的儿子大五个月，是儿子唯一的朋友。这个女孩经常让他儿子吃一些东西，比如积木、辣椒、橡皮等，而儿子虽然不愿意吃，却不敢拒绝。怎么办呢？应该怎么教导孩子拒绝别人呢？

案例中这个男孩听起来应该是一个比较善良的孩子，这个孩子不敢对别人说“不”，有可能是因为害怕。害怕什么呢？可能害怕说了“不”之后，唯一的朋友就没有了；也可能害怕这个女孩不高兴，而他不愿意看到女孩不高兴；又或者害怕这个女孩生气；当然也有可能因为女孩比他大5个月，怕女孩会打他。

首先，要让孩子明白：你要相信你的身体带给你的感受——不管别人要求你做什么事情，比如别人要求你去玩什么玩具，或者吃什么东西，你要看看自己的身体是否喜欢、愿意。如果你的身体感到不舒服，那么你要相信自己的身体带给你的感受，并且把这样的感受告诉别人。

其次，要让孩子明白：你的感受只是你自己能感受到的，别人很可能不知道，所以你有什么样的感受，是可以去告诉别人的。可以告诉孩子：别人不拥有你的身体，所以别人不知道你的感受。因此你要跟从自己身体的感受，并且告诉别人。比如，你不喜欢吃，就要告诉别人："我不想吃/我不喜欢吃。"

最后，也是最重要的，要让孩子在家里有这样的机会去练习，当孩子觉得不喜欢、不舒服的时候，他可以先告诉父母。比如让他吃某个菜，如果他真的不愿意吃，那么他可以告诉父母："我真的不喜欢、不愿意吃这个菜。"父母要允许他吃其他的东西。

简单来说，要想教导孩子对其他人说"不"，就要允许孩子在家里说“不”；而且当他这样做的时候，虽然父母可能有不同的看法、意见，但是能够允许孩子表达他的不愿意，而当孩子表达了不愿意、不喜欢的时候，他的心声是能够被听到的。孩子感受到被尊重，才能有更大的勇气，觉得可以相信自己的感受。只有真正在家里被尊重，孩子的不喜欢、不愿意可以在家里说出来，孩子才会相信父母告诉他的，这样拒绝别人是可行的。这样当别人叫他做一些他不想做的事情时，他才能够有勇气说“不”，并且相信自己是可以被尊重的。如果别人不尊重他，他有勇气告诉别人自己不高兴：“如果你强迫我做，我是很不高兴的。”

对于案例中这类孩子，可以告诉他：当你不愿意的时候，你就简单地说：“这个东西我不喜欢吃/这个事情我不愿意去做/我不喜欢玩这样的游戏……”这样教导孩子简单扼要地把自己的意愿讲出来。如果他讲出来却没有得到尊重，那就要带着孩子，给他示范如何去拒绝强迫他的孩子。

比如，父母可以温和但是坚定地告诉那个女孩：“这个东西，我儿子不喜欢吃，以后这样的东西，你不要给他吃，否则他会很难受，甚至会生气，你们两个人就做不成好朋友了。”父母可以给孩子示范怎样温和而坚定地拒绝别人。让孩子能够慢慢学会跟着自己身体的感觉，能够告诉别人，这是他不愿意、不喜欢、不可以做的。

孩子梦中说不开心的话，怎么办？

一位妈妈，有个4岁的女儿，在读幼儿园小班，属于比较内向的孩子，在小区里只喜欢和自己的家人玩，一般不会主动找别的小朋友玩。放学的时候，妈妈问她在幼儿园开心吗，大部分时候会说很开心。但是小女孩经常会在梦中说，哪个小朋友说她不好，哪个小朋友推了自己或者打了自己一下，不让自己玩玩具等不开心的事。早上起床后，孩子偶尔也会说到这类情况，妈妈问她告诉老师了吗，她经常说老师不管。孩子也经常说不愿意上幼儿园。妈妈不知道该怎么安慰孩子。

在孩子表达能力还不够强的时候，父母常常会担心孩子在幼儿园和小朋友发生了冲突，放学回到家却说不清楚事情经过，或者一见到父母就干脆忘记说了。如果听到孩子在梦里和小朋友有冲突的，就像案例中的孩子那样，父母肯定会非常揪心，认为孩子是因为表达能力有限而没有说出来，或者是不敢说出来，最后通过梦来表达，因而特别担心孩子受到伤害。

那么这种情况下，父母到底需不需要担心，又是否需要帮助孩子做点什么呢？

其实，做梦是孩子处理和表达情绪的一种非常自然的方法。人类有很多很自然的方法来处理情绪，因为人类是感情、情绪最多的生物，而情绪又会产生能量，所以需要用一些方法把情绪能量舒放出来。除了喜怒哀乐，或者画画、唱歌、跳舞这些非常自然的方法以外，人类还有一个非常特别的方法就是做梦——从出生那一天开始，人就会做梦了。

在日常生活里，很多无意识的情绪，都会通过梦的方式舒放出来。在孩子情绪比较多的情况下，你就会看到孩子说梦话，好像在和小朋友发生冲突，其实这对孩子来说是一个非常自然的释放情绪的方法。虽然做这种梦，孩子看起来有一点不舒服、不开心，但对孩子来说，不会造成什么问题，因为梦本身就是在帮助孩子舒放情绪。除非孩子常常在梦里哭喊、尖叫，或者他的梦总是不断地重复某个事件，这时才需要父母查明原因、帮助孩子处理，否则父母不必太过担心。

如果孩子早上醒来之后，在很清醒的状态下，告诉妈妈梦里和小朋友发生冲突的情况，那么妈妈首先要做的就是告诉孩子："妈妈听到了，知道你现在很不开心。""妈妈听到了，知道这件事情让你感觉很委屈。"然后再教导孩子，和小朋友因为争抢玩具发生冲突的时候，如何去表达自己的意愿。

对于幼儿园阶段的小朋友来说，故意欺负别人的情况比较少见，因为孩子的心智还没有发展到从欺负别人来获取快感的复杂程度，对于如何解决和别的小朋友发生冲突的问题，仍处于学习的初始阶段。这个时候，父母只要持续地教导孩子去表达自己的意愿，以及理解别人的意愿就可以了。

总之，我最想告诉父母的就是，孩子做梦时说一些不开心的话，属于处理情绪的自然表现，不用太过担心，等孩子在清醒状态下清楚地表达出来时，就可以针对孩子所说的去教导他如何处理。

孩子常常说话过激，怎么办？

有一位妈妈，女儿三岁四个月了，性格比较内向，在外面不太爱说话，也不主动和别人打招呼，但在家里还是爱动爱笑的。有时候聊天，女儿会说“要把小朋友扔进垃圾桶”，或者“要把小朋友的头打出血来”。当然，她从来没有真的这么做过。妈妈觉得女儿不会真的那么做，只是抒发一下情绪，所以对于孩子说这样的话，妈妈都是尽量淡化，也会告诉孩子，说这样的话不好。妈妈曾问女儿，在幼儿园有没有好朋友，女儿也会说出几个名字，说明还是有好朋友的。那么，对于孩子这样的言语，需要担心吗？这位妈妈的做法对不对呢？遇到这种情况，到底该怎么办呢？

首先，这个小女孩才三岁四个月，在家里能够玩、能够笑，但是在外面不主动打招呼，这对于性格内向的人来说是正常的。因为性格内向的孩子，一般对感觉安全、熟悉的人，才会主动去聊天、一起玩，而对于还不那么熟悉的人，或者在幼儿园等比较陌生、觉得不够安全的环境里，是不会主动去和别人打招呼或者去找别人玩的。

但我比较担心的是，这个小女孩的语言方式跟她的性格是不相符的。因为她谈到小朋友的时候，说“要把小朋友扔进垃圾桶”或者“要把小朋友的头打出血来”。对于一个只有三岁多又比较内向的小女孩来说，她的确不太可能会这样去做，但是她为什么要用这么过激的语言来表达自己的情绪呢？这是需要思考的。

原因一：孩子通过模仿别人，使用这种过激的语言来表达自己内在的一些情绪。

可能性比较大的原因是，家里有大人说话的方式比较粗暴，或者在幼儿园里听到了老师或其他小朋友这样说话，于是她通过模仿，使用这种比较激烈的语言来表达自己内在的一些情绪。

若果真如此，那么妈妈只要告诉女儿，这样的语句别人听了会不舒服，然后教导她怎样说比较好，比如“这样我就生气了”“这样我会非常不高兴”。父母千万不要因为孩子不会真的这样做就觉得无所谓，要从小教导孩子，可以直接说自己生气了，但是不要说这种非常有攻击性的话，否则有可能会引发别人的攻击。

原因二：孩子确实受到了欺负，需要把内在累积的愤怒情绪表达出来。

如果并不是因为常常听到暴力语言而去模仿，那么另一个原因可能是孩子的内心确实有很多累积的愤怒，而最有可能引发愤怒的就是孩子觉得有人欺负她。所以孩子到了家里，觉得安全的时候，就会用她知道的、最强烈的暴力语言，把自己内在的愤怒表达出来。这种情况下，父母需要跟幼儿园老师沟通，确认在幼儿园时有没有其他小朋友欺负自己的孩子。

此外，父母也可以通过游戏治疗来教导孩子在幼儿园里应该怎么应对，同时把孩子的情绪舒放出来。其实，游戏是孩子通过模拟来学习社会化、学习跟其他小朋友互动、学习在幼儿园这种跟家庭不一样的环境中处理问题的非常好的方法。

比如，妈妈可以买一套与幼儿园环境相关的游戏模型给孩子，让孩子按照自己的意愿，把幼儿园或者教室场景摆出来，用几个小人模型代表孩子的同学、伙伴，再用一些大人模型代表老师或其他成人。孩子可以用这套模型，把自己的故事讲出来——比如，幼儿园里面有一个主人公，这个主人公叫某某……当然，这个主人公未必是自己家的孩子，因为有些孩子很害怕把自己的故事说出来，所以孩子不以自己为主人公而另取一个名字，也是可以的。

父母可以问问孩子这个故事的细节，比如这个主人公有几个好朋友，哪一些朋友是他喜欢的，哪一些朋友是他不喜欢的，喜欢的叫什么名字、为什么喜欢，不喜欢的叫什么名字、为什么不喜欢……

这样通过做游戏、讲故事的方式，孩子会把他遇到的真实情况表达出来，父母可以了解真实情况和孩子的内心世界，既能让孩子有恰当的渠道把自己的情绪发泄出来，还可以让父母教导孩子如何说话、处理问题，父母不妨试试这类方法。

案例中的妈妈可以试试这种方法，看看孩子的过激语言是不是可以减少。如果能减少，就说明这个方法是有效的；如果情况越来越严重，再来看看到底是由什么事情引起的。

Q4

讨厌自己，怎么办？

孩子在天性上非常希望
能够给父母带来骄傲和快乐，
当他发现自己没有办法做到时，
就会产生讨厌自己的想法。

孩子说讨厌自己，怎么办？

孩子刚来到这个世界时，就像花束一样，是很快乐的。他想要把自己的美丽绽放人间，为自己的生命感到快乐、幸福和兴奋。然而，随着孩子慢慢长大，他开始说“我讨厌自己”，到了青少年阶段就更严重，会说“我真的很讨厌自己”。

一个好好的孩子，为什么会说这样的话?

孩子的五朵金花无法开放

孩子说“我讨厌自己”时，其实是对自己有一份恨。为什么恨自己呢？一般跟孩子的五大天性，也就是五朵金花有关系。五大天性中的任何一种被压抑，使得这朵金花没有办法绽放时，孩子就会讨厌自己。

第一，孩子很想被爱或者很想去爱别人，但是因为各种原因没有办法做到，甚至到了害怕被人爱或者去爱别人的地步，这时他就会恨自己。

第二，孩子很想与别人连接，建立良好关系，获得兄弟姐妹或者朋友的喜爱。如果孩子在建立关系的过程中不断被排斥或者被拒绝，无法跟别人连接，那他也会恨自己、讨厌自己。比如，有的家庭很渴望生个儿子，女儿降生后，父母总是说，其实我们很想生个儿子，没想到生了个女儿。有的妈妈甚至会直接告诉女儿：“因为我生的是女儿，所以你的爸爸不高兴，你的奶奶不高兴，你的爷爷不高兴……”这些都会让孩子觉得无法与别人连接，进而讨厌自己——讨厌自己的身份，讨厌自己的性别，甚至讨厌自己这个人——这都是因为在关系上受到排斥而引发的。

第三，孩子觉得自己活得没有价值。有些孩子在成长过程中，觉得生活压根儿没有意义，也没什么意思。很多讨厌自己的孩子会说：“活着真没意思，活着真的太无聊了。”简单来说，就是觉得没有价值。即使有人爱、有人关注，很多孩子还是觉得，自己生命的每一天不知道为何而活。当一个孩子怀疑自己的价值时，也会很讨厌自己。特别是那些有偏差行为、不懂得怎么处理情绪，或者学业成绩比较差的孩子，他们经常被指责，因此会觉得来到这个世界之后，只是给父母或者家人增加了很多负担和麻烦，但是又很无助，因为不知道可以做什么。通常父母会告诉孩子不可以做什么，但很少告诉孩子可以做什么。所以这些孩子会有很多自责、内疚的情绪，久而久之就会觉得生命没有意义，因而开始讨厌自己的存在。

第四，孩子无法独立自主。有些孩子觉得，成长中没有选择的自由，整个人都在父母的控制之下。父母非常强势时，孩子的独立自主之花就无法绽放。天性一直被压制，尤其是天生气质上特别希望有选择自由的孩子，就会非常讨厌自己。

最后，孩子的安全感不足。如果不管遇到什么事情，都觉得害怕和无助，没有办法信任自己，那么孩子也会讨厌自己。

孩子无法满足父母的期待

有些孩子讨厌自己，是因为无法满足父母的期待。

父母对孩子有很多期待，但是在孩子努力的过程中却没有告诉孩子：我已经看到了你的努力，虽然还没有达到想要的目标，但你确实已经进步了。

这些孩子看到的往往是父母愤怒、悲伤、沮丧，甚至对自己为人父母的角色很不满意。其实孩子在天性上非常希望能够给父母带来骄傲和快乐，当他发现自己想要满足父母的期待却没有办法做到，反而因为亲子关系使父母愤怒、悲伤、沮丧时，就会产生讨厌自己的想法，比较极端的甚至会有自杀的念头——认为自己的离世可以减轻父母的负担，让这个家变好。

既然孩子的自我讨厌、自我憎恨与不能满足父母的期待有关，那么建议在孩子的成长过程中，每当孩子取得哪怕一点点进步时，父母都要明确告诉孩子：“我有一个期待，而你正在很努力地想要满足我的期待，这是我能看到的。”单单是这样一句话，就能让孩子从自我讨厌的情绪中走出来。

父母的婚姻关系出现了问题

婚姻关系出问题时，有些父母会互相攻击，常常把孩子卷入婚姻关系里。双方都希望孩子站在自己这边，指责对方。其实孩子很想帮助父母缓和矛盾，但是没有办法做到，因为父母的婚姻关系只能由他们自己处理。

有些父母还互相指责对方：“就是因为你，孩子才成绩不好，情绪也多，行为有偏差……”其实，孩子情绪不稳定，人际关系有障碍，产生偏差行为，很多时候恰恰是因为父母的关系恶劣，引发了孩子太多的情绪。父母这样互相指责，孩子会感觉非常内疚自责，甚至会认为：“就是因为我没有更加聪明、更加优秀，所以爸爸妈妈才会互相指责。如果没有我，爸爸妈妈就不会这样……”

父母不要把孩子当成互相攻击的工具，否则孩子会认为是自己的不优秀导致父母关系不好，因而讨厌、痛恨自己。

孩子痛恨甚至伤害自己，怎么办？

有一位妈妈说，她的儿子今年7岁，常常觉得自己有问题，脾气很急躁，在人际交往中非常不自信，遇到很强势的人会非常害怕。一旦做得不好或者被别人批评，孩子就会惩罚自己——打自己的脑袋，或者抓自己的头发。总之，会去伤害自己，跟自己过不去。妈妈问，关于孩子伤害自己的问题，应该怎么办呢？

这个孩子不只是用嘴巴说讨厌自己，而是痛恨自己，甚至伤害自己了。

为什么孩子会自我伤害呢？这是一种生理回馈。

孩子内在的情绪会产生很多能量，积累到一定程度，孩子没有办法处理时，就会演变成一种自伤的行为。小一点的孩子可能会咬手、啃指甲。年龄大点的孩子，可能会用头去撞墙，用手打自己的头，或者抓自己的头发。到了青少年阶段，他们可能会用刀片割伤自己。为什么孩子会用这些方式伤害自己呢？其实是在通过肌肉的紧张和放松，把情绪抒发出来。

我什么都做不好，我很讨厌自己，我很痛恨自己——孩子觉得自己不可爱、不够好、不够聪明，觉得自己来到这个世界就是一件错误的事情……为什么孩子会这样想？主要原因是自我价值感太低了。

一种原因是父母常常用非常恶毒的语言对待孩子，把孩子批评得一文不值，如果孩子在成长过程中不断被批评不够好、不可爱、不够聪明、什么都做不好，他就会讨厌自己、痛恨自己。

另一种原因是父母常常让孩子觉得很内疚。比如妈妈说："如果不是因为你，我早就离婚了，我就不用在这么糟糕的婚姻里受苦""如果不是因为你，我早就离开你爸爸了，我就不用承受家暴了""离婚之后我带着你多辛苦啊，我的生活如此艰辛，都是因为要养育你”……这类语言会引发孩子的内疚，这种情绪非常伤害孩子的价值感。孩子会觉得是因为自己来到这个世界，才会害妈妈过上悲惨的生活，因而导致孩子讨厌、痛恨自己。

案例中的孩子已经自伤了，表示他的情绪垃圾非常多，非常讨厌自己了，而他又无法从父母身上得到足够的心理营养，特别是在肯定、赞美、认同和接纳方面。妈妈需要思考，做些什么能够帮助孩子增加心理营养。

孩子在幼儿园不愿开口说话，怎么办？

一位妈妈说，孩子今年7岁，快上一年级了，在幼儿园一句话都不说，家人什么办法都尝试了，但孩子就是不开口，有时候实在是不得不说了，孩子也只是用唇语，声音特别小。妈妈带孩子去医院看过，被诊断为选择性沉默症和社交焦虑；也带孩子上了一些辅导课程，可是对孩子帮助并不大。孩子的天生气质偏忧郁型，也比较情绪化。近两个月以来，妈妈坚持给孩子做心理营养，孩子在家里一切正常，相对活泼，在很多方面有很明显的进步，特别是遇到困难时能够尝试自己处理了，但是在幼儿园还是不会开口说话。妈妈问，是否需要带孩子看心理医生呢？

首先要称赞这位妈妈，只用了两个月的时间就能让7岁的孩子自己去处理一些问题，这真的是很大的进步。

孩子在家里说话表达没有问题，只是到了幼儿园才会选择不说话。孩子不想说话，有多种可能，最大的可能是他觉得不说话能够保护自己。为什么要保护自己呢？很有可能是因为他觉得不说话就不会被别人嘲笑或者攻击。所以我猜测，孩子在幼儿园碰到过一些麻烦，因为说话被别人指责或者嘲笑过，所以后来就选择了不说话。

既然妈妈做了两个月的心理营养，孩子在家里有了很明显的进步，那么妈妈不妨继续做心理营养。一般几个月之后，孩子在各方面都会有更大的进步。

除了心理营养以外，建议妈妈尝试做两件事。

一是陪孩子玩游戏。可以以幼儿园情境玩一些角色扮演类游戏。比如妈妈扮演小孩，孩子扮演老师，用比较幽默的方式模拟幼儿园的生活。扮演小孩的妈妈可以问：“老师，班上有小朋友嘲笑我，说我说话有口音，他们听不清楚，我觉得很羞耻，我应该怎么办呢？”然后看看孩子会怎么说。孩子扮演老师时，一般会从老师的角度去劝说的。通过多次玩这种互动游戏，孩子会有所突破，至少能舒放他的情绪。

二是陪孩子画画。孩子有情绪问题，可以在画画时表现出来。针对画里的内容引导孩子表达自己。只要解开了孩子的心结，孩子在幼儿园就愿意说话了。

与渴望联结：每个问题，都是给予心理营养的最佳时机——

01 · 太黏妈妈，怎么办？

02 · 胆小被欺负，怎么办？

03 · 不会交朋友，怎么办？

04 · 内向被动不爱表现，怎么办？

05 · 不好好吃饭，怎么办？

06 · 不想睡觉起床就哭，怎么办？

07 · 爱拖拉磨蹭，怎么办？

08 · 一言不合撒泼打滚，怎么办？

09 · 上幼儿园后情绪多，怎么办？

10 · 不愿意上学，怎么办？

11 · 抵触学习写作业，怎么办？

12 · 痴迷电子产品，怎么办？

与渴望联结：每个问题，都是给予心理营养的最佳时机

13 · 抗挫能力差，怎么办？

14 · 不接受批评闹情绪，怎么办？

15 · 与人相处不开心，怎么办？

16 · 讨厌自己，怎么办？

17 · 说话挑衅易冲突，怎么办？

18 · 攻击性强爱打人，怎么办？

19 · 个性执拗倔强，怎么办？

20 · 急躁没耐心，怎么办？

21 · 叛逆不听话，怎么办？

22 · 说脏话狠话，怎么办？

23 · 触摸性器官，怎么办？